Antes de leer este libro, valora la siguiente pregunta:

¿Significan lo mismo estas dos frases?

1. La chica sorda

2. La chica que es sorda

Ser sordo – ¿Qué significa?

Cuando alguien es sordo o sufre de dificultades auditivas, significa que sus oídos no funcionan del todo bien.

Por lo general necesitan llevar dispositivos de asistencia auditiva o implantes cocleares para ayudarles a oír.

Una chica como Ananya

Karen Hardwicke

traducido al español por
Rocío Martínez Ibáñez

Puede que hayas visto a alguna chica como Ananya: en el colegio, en una tienda, en el parque.

Puede que, si te fijas, te des cuenta de que lleva implantes cocleares para ayudarle a oír.

Si conoces a una chica como Ananya, puede que te diga que necesita verte los labios cuando hablas.

Y que le es difícil escuchar en lugares ruidosos como el comedor de la escuela.

Y que si le hablas demasiado despacio, o demasiado rápido, también le resulta difícil.

Si conoces a una chica como Ananya, puede que te diga que necesita llevar sus implantes cocleares *todos* los días. Cuando se los quita, no puede oír nada en absoluto.

Tómate un momento para pensar en esto.
¿Te imaginas no poder oír nada en absoluto?

Si hay una chica como Ananya en tu clase, quizá te preguntes por qué tu maestra lleva un dispositivo colgado del cuello. Se llama sistema de radioayuda. Le permite a Ananya escuchar la voz de su maestra, incluso cuando hay ruido en clase.

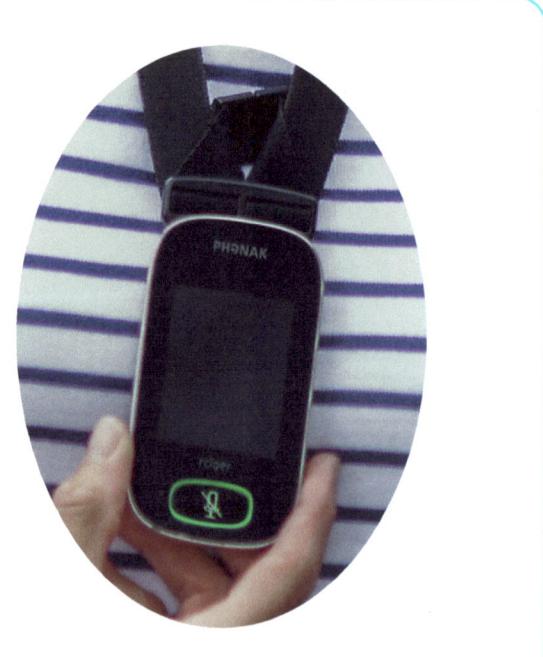

El sistema de radioayuda suele estar compuesto de dos partes: el **transmisor**, que contiene un micrófono y que lo lleva la maestra, y el **receptor(es)** que se coloca en el audífono o el implante coclear del niño para captar los sonidos que emite el transmisor.

A veces, solo a veces, la maestra se olvida de apagar su dispositivo de radioayuda ¡Y Ananya la oye ir al baño!

**Pero hay una cosa
que debes saber sobre
Ananya...**

Ananya es sorda
¡pero eso
no es todo!

Ananya es una hija

y una hermana.

Es una amiga...

y una estudiante.

Ananya juega al baloncesto

y toca el piano.

¡A Ananya le gusta el Minecraft!

Y que le lean cuentos a la hora de dormir.

A Ananya no le gusta despertarse por la mañana...

...¡Ni que le pongan muchos deberes!

Ananya no sabe muy bien en qué cree.

Aunque puede que esto cambie cuando crezca...

¡Ananya quiere ser científica!

Aunque esto podría cambiar cuando crezca...

Puede que hayas visto a alguna chica o a algún chico como Ananya: en el colegio, en una tienda, en el parque...

Reflexionando sobre la identidad – actividades

Antes de leer este libro, valoraste la siguiente pregunta:

¿Significan lo mismo estas dos frases?

1. La chica sorda

2. La chica que es sorda

¿Es Ananya sorda y ya está?
¿O tiene otros rasgos de identidad?
¿Has cambiado de opinión?

¿Quién soy?

Piensa en tu propia identidad.
**Hay muchas cosas que definen quién eres.
Escribe tu nombre y dibújate en el círculo del centro,
luego escribe 8 cosas que forman parte
de tu identidad.**

Algunas pistas: ¿Eres amable? ¿Muestras afecto hacia tu familia? ¿Te gusta el deporte? ¿Eres creativo, gracioso, serio?

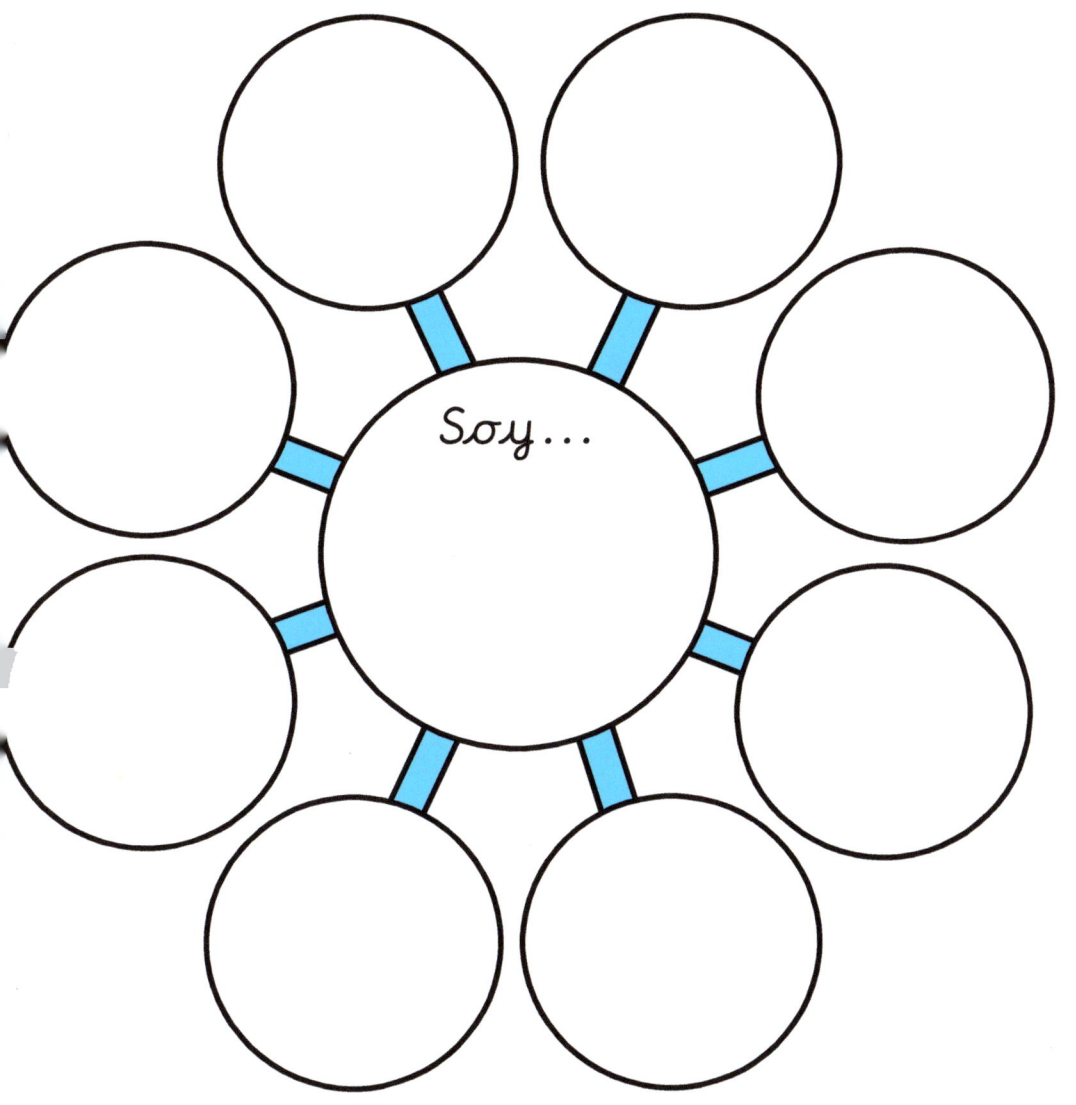

Este libro está dedicado a la Ananya
de verdad, una chica verdaderamente
extraordinaria, que es sorda
y a
Sue Brownson

Sobre la Autora

Karen Hardwicke nació en el norte de Inglaterra. Ser norteña es una parte importante de su identidad, como lo es ser esposa y madre, maestra de niños sordos y madre de un niño sordo, es lectora y escritora, una amiga y una corredora (ocasional).

En la actualidad Karen vive en el corazón de Berkshire, Reino Unido, con su familia y dos labradores de color chocolate.

'Una chica como Ananya' es su primer libro.

Sobre la Fotógrafa

Pranali Patil acaba de comenzar su andadura como fotógrafa de familia, con sede en Berkshire, Reino Unido, donde vive con su marido y su hijo. A través de su fotografía, a Pranali le gusta capturar la magia de los momentos cotidianos y el amor de las conexiones familiares que muestran lo bella que es la vida, aunque tenga sus más y sus menos. 'Una chica como Ananya' es su primer trabajo para un libro. Para saber más sobre el trabajo de Pranali visita:
www.pranalipatil.co.uk

UNA CHICA COMO ANANYA
Published by Avid Language Ltd, 3 Cam Drive, Ely, CB6 2WH, UK
First published in English in 2021 as "A Girl like Ananya"

ISBN
Paperback (English): 978-1-913968-12-0
Hardcover (English): 978-1-913968-13-7
eBook (English): 978-1-913968-14-4
Paperback (Spanish): 978-1-913968-26-7
Hardcover (Spanish): 978-1-913968-27-4

Text copyright © Karen Hardwicke 2021
Photographs copyright © Pranali Patil 2021, except for the following:
Page 32 photograph © Pinar and Erol Sengul
Page 33 photograph top © Yasmin Fatima
Page 33 photograph bottom left © Private Contributor
Page 33 photograph bottom right © Ian and Tanya Saunders
Translated into Spanish by Rocío Martínez Ibáñez
Editing & Design by Tanya Saunders for AVID Language Ltd.

All rights reserved. No part of this publication may be reproduced, stored in a retrieval system, or transmitted in any form or by any means (electronic, mechanical, photocopying, recording or otherwise), without the prior written permission of the publisher.

Visit our website at: **www.avidlanguage.com**

This publication is neither owned nor endorsed by Minecraft and/or Mojang, Cochlear or Phonak.

www.avidlanguage.com

www.ingramcontent.com/pod-product-compliance
Lightning Source LLC
Chambersburg PA
CBHW040159100526
44590CB00001B/12